LA ARQUITECTURA
COMO INTERPRETACIÓN

REAL ACADEMIA DE BELLAS ARTES DE SAN FERNANDO

LA ARQUITECTURA COMO INTERPRETACIÓN

DISCURSO DE LA ACADÉMICA ELECTA

EXCMA. SRA. D.ᴬ ÁNGELA GARCÍA DE PAREDES DE FALLA

LEÍDO EN EL ACTO DE SU RECEPCIÓN PÚBLICA
EL DÍA 12 DE MAYO DE 2024

Y CONTESTACIÓN DEL ACADÉMICO

EXCMO. SR. D. JOSÉ RAFAEL MONEO VALLÉS

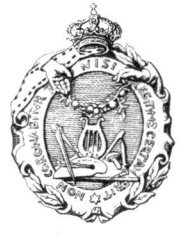

MADRID
MMXXIV

DISCURSO DE LA
EXCMA. SRA. D.ᴬ ÁNGELA GARCÍA DE PAREDES DE FALLA

Mis primeras palabras como académica electa en la Sección de Arquitectura de esta Real Academia de Bellas Artes de San Fernando son de emocionado agradecimiento a sus miembros por mi elección unánime el pasado 5 de junio de 2023. Esta unanimidad entre las diversas artes que acoge esta institución es tan valiosa como grande es mi responsabilidad al aceptarla, que asumo, más que como un reconocimiento —los reconocimientos pueden sepultar la voluntad de hacer— como la determinación de realizar esta tarea con energía y dedicación.

Mi agradecimiento es especial hacia los académicos que presentaron mi candidatura: a Tomás Marco, director de la Academia, músico, compositor, amante de las artes plásticas, de la vanguardia y patrono de la Fundación Archivo Manuel de Falla que vicepresido; a Juan Navarro Baldeweg, arquitecto y artista de mirada brillante hacia lo nuevo, que no distingue límites entre las artes en su obra y que presidió el tribunal de mi tesis doctoral, y a Luis Fernández-Galiano, arquitecto, escritor de acertadas crónicas de los acontecimientos en los que las obras de arquitectura se ven inmersas y que amplían nuestro universo. Mi agradecimiento también a Rafael Moneo, arquitecto, por haber aceptado responder a este discurso, por aceptar escribir y pensar sobre otros en un acto de generosidad por compartir su conocimiento, su posicionamiento desde la arquitectura ante el mundo.

Es un honor que la música, las artes plásticas y la arquitectura se unan en mi presentación, pues coinciden con mi convicción del valor del trabajo conjunto desde distintas disciplinas para un objetivo común. En mi caso, la música, que me acompañó por motivos familiares en mi formación como arquitecta en un entorno vinculado a las artes, y que me ha hecho comprender mi trabajo como un continuo entre ellas. En él está latente el pensamiento del arte habitable y de la integración de las artes.

Y si dar las gracias es reconocer por qué me encuentro hoy aquí, mi agradecimiento por el honor que supone es especial a Ignacio García Pedrosa, arquitecto, con quien he compartido la arquitectura como una tarea conjunta desde nuestro inicio en la Escuela de Arquitectura de Madrid en un mágico año 1975, y por ello me referiré a nuestras obras con un plural binario, un plural de dos: Paredes Pedrosa.

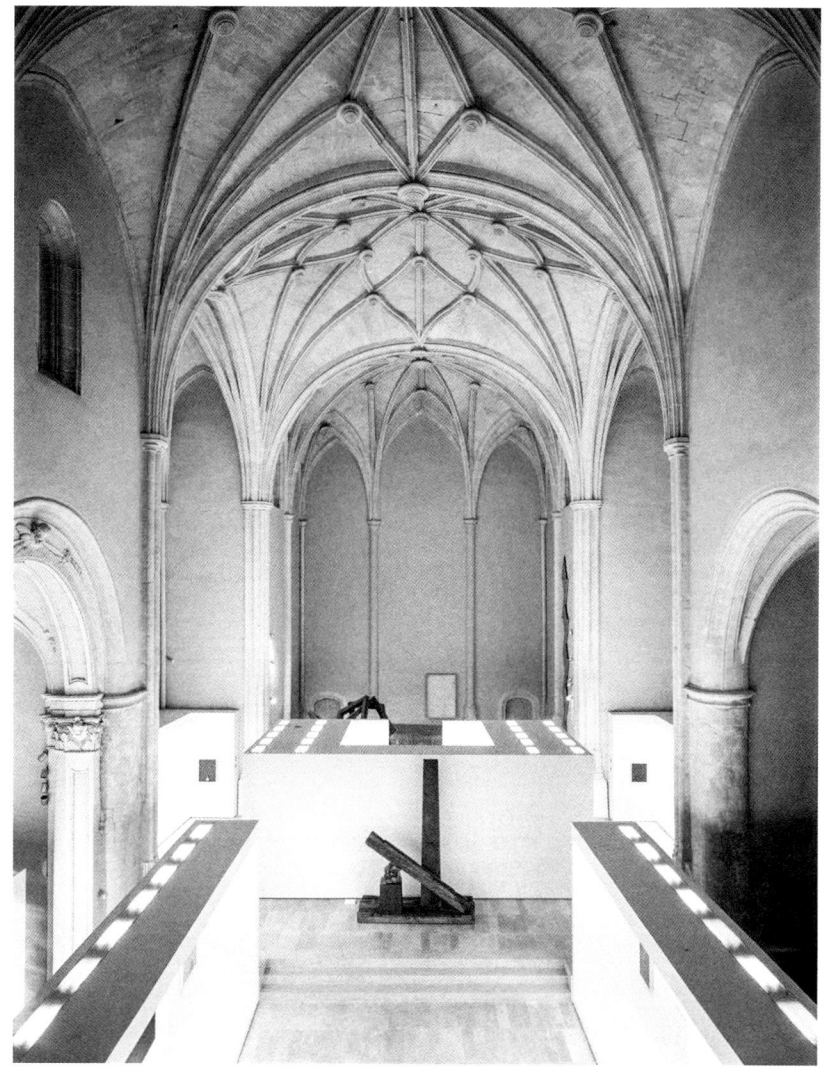

ESPACIO TORNER EN LA IGLESIA DE SAN PABLO EN CUENCA
Paredes Pedrosa Arquitectos, 2003-2005
Fotografía © Roland Halbe

La Medalla 58 que me otorgan no corresponde a ningún académico anterior. Es una Medalla que no ha supuesto ninguna muerte previa, y por este motivo no es obligado hacer el preceptivo elogio al académico que la portó. Pensé entonces en transformar el elogio fúnebre en recordar a aquellos académicos, de antes y de ahora, que han formado parte de una manera u otra de mi vida, y con los que he compartido reflexiones sobre arquitectura, arte o música. Son muchos, por el entorno familiar singular en el que crecí, un mundo cultural extraordinario en torno a mis padres, el arquitecto José María García de Paredes, académico, e Isabel de Falla, académica correspondiente de esta Real Academia de Bellas Artes. Tal vez debiera comenzar este elogio por ellos, pero sobrevuelan en todos los nombres que citaré.

Los nombres de estos académicos se mezclan, claro está, con otros nombres ilustres, como sucede en el archivo imaginario que Saramago describe en *Todos los nombres*, pero me referiré a los nombres que forman parte de esta institución. Seguiré un orden casi cronológico, empezando por Manuel de Falla que, aunque fue académico electo, no llegó a tomar posesión de su plaza tal y como relató Antonio Gallego cuando esta Academia otorgó su Medalla de Oro, en 2012, a la Fundación Archivo Manuel de Falla. Falla fue, además de la música poderosa, nueva y personal, que comprimía el pasado en sus notas vanguardistas, el ejemplo del trabajo continuado, de la música hecha para otros y no para sí mismo, de la necesidad del conocimiento. La vinculación de su obra con otras disciplinas artísticas, en sus palabras «Yo veo los cuadros cuando compongo la música»[1], dan todo su sentido a esta Academia.

---

1. Carta de Manuel de Falla a José María Sert sobre la colaboración de ambos en *Atlántida*, 1928. Archivo Manuel de Falla.

Su busto de Juan Cristóbal y el dibujo de su acerado perfil de Daniel Vázquez Díaz en casa de mis padres dieron presencia física a un universo inagotable en el tiempo y en el espacio.

Luis Gutiérrez Soto, arquitecto, construyó en Madrid el edificio donde se instaló el Archivo Manuel de Falla entre los años 1969 y 1990, antes de cambiar su ubicación a Granada, y los estudios de arquitectura, entre otros, de José María García de Paredes, José Luis Fernández del Amo y José Antonio Corrales. De algunas obras proyectadas por García de Paredes, Alberto Schommer realizó personales fotografías que documentan en blanco y negro esta etapa renovadora de la arquitectura española que se guardan en el Museo Nacional Centro de Arte Reina Sofía como parte del archivo del arquitecto que allí se conserva. Las fotografías captan no solo el espacio arquitectónico y sus detalles, captan la luz y un ambiente casi místico precursor de sus retratos psicológicos, uno de los primeros, el que hizo del propio arquitecto al fondo de una escalera helicoidal desde la que nos mira desde otro tiempo.

A Fernando García Mercadal le debo los singulares libros que me regaló, incluyendo la colección de la revista *Nueva Forma*, algunos raros de edición alemana sobre vivienda moderna que escogía con cuidado de una altísima librería, cartas y dibujos. Su estancia de cuatro años en la Academia de Bellas Artes de Roma como pensionado complementaba su talante moderno y sus conocimientos cosmopolitas. Otros arquitectos próximos fueron Luis Blanco Soler, quien me hizo estudiar la Colonia Residencia de Madrid, y Luis Moya, el arquitecto que creía en la continuidad de la antigüedad clásica y que fue recordado como «maestro y amigo» por García de Paredes en su última sesión en esta Academia. Entonces era su director Federico Sopeña, próximo a nuestra vida familiar y al origen del Archivo Manuel de Falla, una tarea ejemplar impulsada por Isabel de

Falla en la que música y arquitectura compartían espacio físico e intelectual. Sopeña preparó la primera edición de los escritos de Falla, y Ernesto Halffter compartió ese espacio inmerso en la tarea de la terminación de *Atlántida*. Pienso que, tal vez, aquella «terminación» no fuera más que una «interpretación» de los documentos y notas que Falla dejara dispersos a su muerte. Otros músicos próximos fueron Cristóbal Halffter, compositor renovador vanguardista de la música española, Narciso Yepes y Joaquín Rodrigo. Para estos últimos, García de Paredes construyó singulares casas hechas a su medida y ellos a cambio compartían con nosotros su música.

Volviendo a la arquitectura, con Rafael de la Hoz, García de Paredes cursó estudios en la Escuela de Arquitectura de Madrid, en la década de los cuarenta, en la que apenas llegaba a una España autárquica la nueva arquitectura. Recibieron, recién titulados, el Premio Nacional de Arquitectura en 1957 por el Colegio Mayor Aquinas. Después, sus vidas arquitectónicas, que no las personales, se bifurcaron, y García de Paredes se fue a la Academia de Bellas Artes de Roma dirigida entonces por Joaquín Vaquero Palacios, arquitecto y pintor de paisajes, autor de una obra poderosa y personal. En Italia compartieron viajes e inquietudes artísticas con un jovencísimo Joaquín Vaquero Turcios, que años después colaboró con García de Paredes en una realización plástica de *Atlántida* que, como tantas, no llegó a ejecutarse, y en otros proyectos. Pintor de murales y escultor de energía y talento, de sensibilidad y cultura, participaba con el arquitecto de una amistad próxima y de una transversalidad natural entre arquitectura y artes plásticas.

Esa vinculación que se afianza en Roma caracteriza la obra de García de Paredes, que incorpora el conocimiento del pasado como algo próximo a una arquitectura culta y silenciosa.

La música y su vinculación personal con Manuel de Falla son el origen del Auditorio de Granada, que materializa las relaciones entre arquitecturas de distintos tiempos, preludio de su discurso en esta Academia «Paseo por la Arquitectura de la Música» y de la construcción de reconocidos auditorios en los que músicos y artistas contribuyeron con un enriquecedor intercambio. Recordaré a los académicos Manuel Rivera, granadino, que trabajó con vibrantes telas metálicas tridimensionales llenas de matices y luminosidad, entre ellas el *Homenaje a Manuel de Falla*, que se encuentra en esta Academia, donde las telas semejan raíces que se despliegan en planos de verde y azul. A Julio López Hernández, que esculpió el medallón de bronce con la efigie de Juan de Villanueva para la sala que García de Paredes construyó en el Museo del Prado y también el del propio arquitecto que hoy le recuerda en los auditorios que construyó. Elogiaré a mi admirada Carmen Laffón, que interpretó con sensibilidad y fuerza los paisajes del Guadalquivir y la luz atlántica de Cádiz que ilumina la imaginaria cantata que Falla soñó, sin concluir, y en la que se empeñaron arquitectos, músicos y artistas, que permanece sumergida, abierta a nuevas interpretaciones.

¡Cuántas preguntas a tan extraordinarias personas me quedarán ya sin responder!

También esta Medalla 58 me permite elogiar a otros académicos vivos, además de reiterar mi admiración a los que me presentaron a esta Academia y a quien contesta este discurso. A mi querido profesor Antonio Fernández Alba, quien me hizo comprender que las arquitecturas antiguas y los textos escritos son también parte de nuestro universo arquitectónico y su natural vinculación a las artes plásticas; a Miguel Rodríguez-Acosta, que acompañó mi infancia con amistad cercana, refinamiento y generoso mecenazgo; a Rafael Manzano, con proximidad gaditana por sus interpretaciones sobre la historia de los edificios; a José Luis Yuste, por su sabios consejos para la Fundación Manuel de Falla; a Simón Marchán, que acompañó mi tesis doctoral y me enseñó las múltiples relaciones entre las vanguardias; a Alberto Campo Baeza, por su generosidad hacia las nuevas generaciones de arquitectos, y a mi querido Gustavo Torner, con quien compartiendo amistad y reflexiones sobre arte ha contribuido a aclarar por qué el arte tiene un valor insustituible en nuestras vidas, abriendo un fascinante mundo de conexiones, en palabras suyas, porque «arte es abrir un mundo paralelo en nosotros que llega a través de la vista o del oído y que mejora nuestras vidas».

Todos estos nombres son personas, vivas o no, que se entremezclan en este discurso como escribe Saramago en *Todos los nombres*: «A lo largo de los cruces de tu camino te encontrarás con otras vidas: conocerlas o no conocerlas, vivirlas a fondo o dejarlas correr, es asunto que sólo depende de la elección que efectúas en un instante. Aunque no lo sepas, en pasar de largo o desviarte está en juego tu existencia y la de quien está a tu lado».

Pero no nos perdamos en el hilo del elogio que debe servir para situar mi pensamiento ante la cuestión que pretendo explicar, la interpretación en arquitectura cuando nos encontramos con lo que ya existe, un tema con el que trabajarán las nuevas generaciones de arquitectos. Una interpretación que pienso vinculada necesariamente a otras disciplinas artísticas y que explicaré en el sentido en el que Stravinski se expresa en las lecciones de su *Poética musical*[2]: cómo descubrir, aclarar y describir la génesis de las obras, en este caso, de la arquitectura.

---

2. Ígor Stravinsky, *Poética musical en forma de seis lecciones*, Harvard, 1942. Acantilado, Barcelona, 2006.

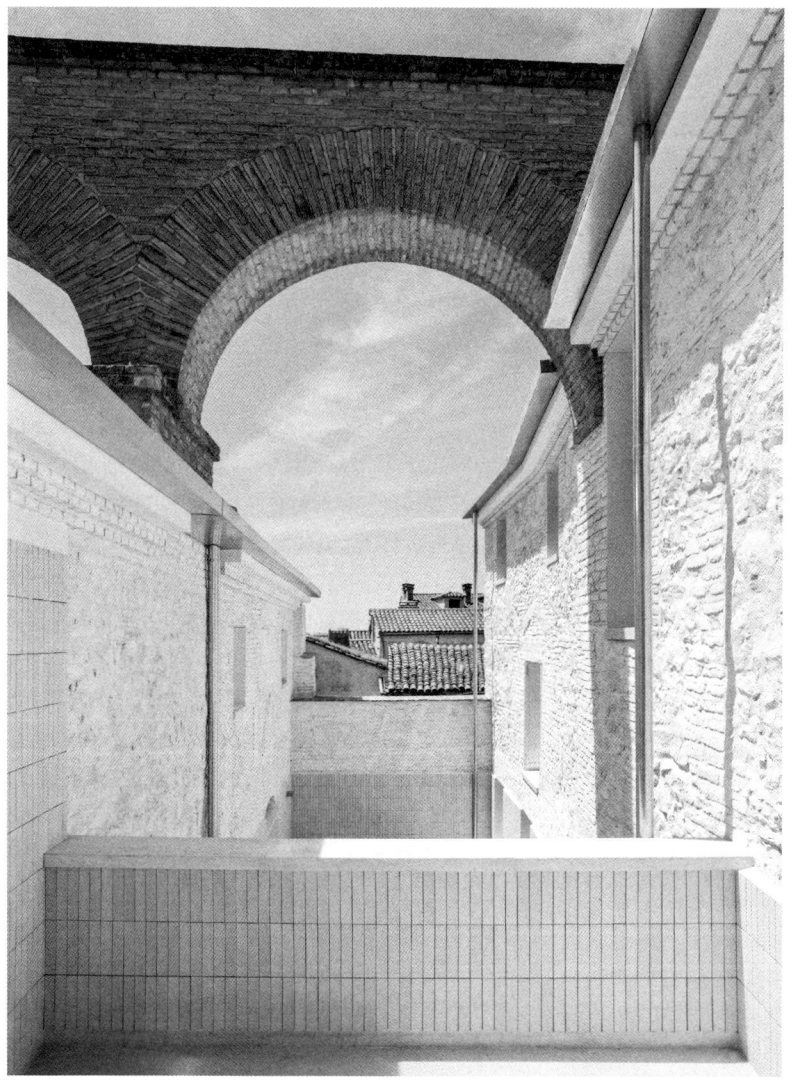

DOS CASAS EN OROPESA, TOLEDO
Paredes Pedrosa Arquitectos, 2011-2015
Fotografía © Luís Asín

EL ARQUITECTO INTÉRPRETE

No es habitual usar el término interpretación en arquitectura y sí en otras disciplinas artísticas, casi siempre en música. El compositor crea, compone una obra y otra persona diferente, las más de las veces en otro tiempo, interpreta esa obra dando una versión personal a aquello que en inicio tal vez tuvo otra intención de su autor. Se da en la interpretación una aportación personal nueva que está en la imaginación del intérprete, donde ha permanecido con otros pensamientos. Hay una transformación, una recuperación traída desde otro tiempo, de aquello que fue creado originariamente. También se usa el término interpretación en literatura, cuando un traductor da un sentido propio a un texto original en otro idioma, con otra voz diferente de la del autor. Existe, pues, en ambas disciplinas, una línea divisoria entre la interpretación y la creación o ideación de lo nuevo.

Interpretar arquitecturas que existen, no con palabras, sino con la acción propia de la arquitectura a través de planos y de su construcción material, es la reflexión que propongo en este discurso. Interpretar arquitecturas más allá de la creación nueva y de proyectar y de construir desde lo nuevo permite transformar, aportar algo personal que está en nosotros, expresar las ideas propias a partir del sentido original, inicial o real, en nuestro caso, de la arquitectura. La cada vez más necesaria intervención en otras arquitecturas ocupa hoy gran parte de la actividad de los arquitectos, en términos diferentes a los de restauración, conservación o reconstrucción de la arquitectura del pasado. Desde que comenzó la tradición moderna, hace más de un siglo, se ha cuestionado la intervención en arquitecturas anteriores, rompiendo con los criterios naturales de transformación material de lo construido.

Interpretar supone una creación silenciosa, pero creación al fin, como expresa mejor el escritor Javier Marías al hablar de su actividad como traductor:

«Todos saben, todos sabemos, que una obra traducida no es ya exactamente, no puede ser exactamente la obra del autor que la escribió: la propia y brutal modificación que supone el cambio de lengua invalida esta posibilidad, impide que se trate de la misma obra. Es sin duda otra cosa; y sin embargo podríamos decir que desde tiempo inmemorial se simula, se hace como que sigue siendo la misma. Es por esta razón por la que, a mi modo de ver, se podría comparar la actividad de traducir con cualquiera de los modos habituales de representación, tanto de los consagrados por siglos de tradición como de los más modernos, pues todos ellos precisan de convenciones semejantes para su existencia»[3].

Este sería el sentido de la interpretación que nos ocupa, pues habría, evidentemente, otras vías abiertas para hablar de interpretación en arquitectura, como sería la diferente lectura de los planos del arquitecto al ser ejecutados por diferentes personas, que daría lugar a arquitecturas diferentes como bien sabemos cuando acometemos la dura tarea de la construcción. ¿Cuántas interpretaciones posibles habría? Sucedería como en la música, cuando el intérprete de la partitura escrita por un autor se convierte en sonido que llega al oyente a partir de un documento abstracto. La interpretación supone el paso de una abstracción a la realidad, a la acción de hacer música. Podríamos afirmar que la interpretación en arquitectura sería análoga, en este caso, a la interpretación musical; el intérprete

---

3. Fragmento de «La traducción como fingimiento y representación» (Conferencia leída el 10 de noviembre de 1982 en el Primer Congreso Iberoamericano de Traductores, en Madrid. Publicada en *Nueva Estafeta*, enero de 1983, y en *Literatura y Fantasma*, edición ampliada, Alfaguara, 2015).

transmite la obra del autor desde la abstracción de los planos a su materialidad.

Pero la interpretación a la que Marías se refiere tal vez tenga más que ver con el fascinante mundo de conexiones que Manuel de Falla plantea al usar las formas del pasado que mediante su transformación se convierten en nuevas:

«Creo, modestamente, que el estudio de las formas clásicas de nuestro arte sólo debe servir para aprender en ellas el orden, el equilibrio, la realización frecuentemente perfecta de un método. Ha de servirnos para estimular la creación de otras formas nuevas, en que resplandezcan aquellas mismas cualidades... Creo que el arte debe servirnos actualmente para hacer una música tan natural que en cierto modo parezca una improvisación; pero de tal manera equilibrada y lógica, que acuse en su conjunto y en sus detalles una perfección aún mayor que la que admiramos en las obras del periodo clásico hasta ahora presentadas como modelos infalibles»[4].

Trabajar con lo que ya existe supone situarse, tal vez, en un plano secundario ante la obra original. Marías, al referirse a su oficio de traductor, nos recuerda: «Es una actividad literaria más, casi creativa, que tiene además la grandeza de la humildad»[5]. Creo que la interpretación debe conllevar el conocimiento absoluto del tema de que se trate, y en ese caso la infinidad de palabras específicas que maneja el escritor: «Reescribir el texto de grandes autores, no dará gran poder inventivo, pero estás forzando tu propio lenguaje a la altura del autor original. Las palabras son tuyas al final».

---

4. Manuel de Falla, *Escritos sobra música y músicos*, Prólogo a la *Enciclopedia Abreviada de Música* de Joaquín Turina, Madrid, abril de 1917. Colección Austral, Ed. Espasa Calpe, 1988.
5. *El País*, fragmento del reportaje «Traducir en España», 15 de junio de 1980.

En la traducción del *Espejo del Mar*, de Conrad, ¿a quién leemos?, ¿a Conrad o a Marías?, ¿renuncia el intérprete a su propia voz?

¿Renunciamos a nuestra propia voz cuando trabajamos en otras arquitecturas? En nuestro caso, el haber trabajado, por un azar que nunca imaginamos, con fragmentos arqueológicos y arquitecturas que ya existían, nos ha hecho pensar que el valor del proyecto estaba en la oportunidad que presentaban estas preexistencias. Algunas eran valiosas desde el punto de vista patrimonial, como en la Villa Romana La Olmeda; el yacimiento neolítico de la Ciudad de la Justicia en Jaén; el edificio histórico del Banco de España, en Madrid, o en el *Espacio Torner* en la Iglesia de San Pablo en Cuenca. Otras eran unos sugerentes restos del pasado, como sucede en la Biblioteca de Ceuta; el fragmento urbano de las casas de Oropesa, o el trazado del jardín histórico donde se emplaza la Biblioteca de Córdoba. Y otras, con la responsabilidad de intervenir en espacios emblemáticos, como la Plaza Navona, en Roma, en la nueva Embajada de España. Los autores de muchas de ellas eran anónimos y nuestra actitud fue la del intérprete que pone en valor, de una forma u otra, lo que ya existía, como una respuesta personal. Acometer estas obras es una tarea compleja que explicaré, en la que la intención inicial fue tomando forma durante el largo proceso de los proyectos y de su construcción.

En otras disciplinas artísticas o literarias tal vez sea más directa la reflexión sobre el término «interpretación» que en arquitectura. Así, Umberto Eco al referirse a la «interpretación» explica tres formas posibles: interpretación como búsqueda, en la *intentio auctoris* (intención del autor); interpretación como propósito, en la *intentio operis* (propósito del trabajo), e interpretación como imposición de la *intentio lectoris* (percepción del lector)[6].

6. Umberto Eco. *Los límites de la interpretación* (*I limiti dell'interpretazione*). Fabbri, Bompiani, Sonzogno, Etas S.p.A. Milán, 1990.

Las tres *intentio* podrían aplicarse a la arquitectura, aunque la complejidad de nuestro trabajo con tiempos desmesuradamente largos en su ejecución nubla una descripción tan nítida.

Pero no nos dejemos llevar por referencias literarias que, si bien aportan claridad y nos permiten tener un orden de pensamiento al pretender explicar nuestro trabajo como arquitectos cuando proyectamos con lo que ya existe, en nuestro caso con lo ya construido, no explican la complejidad de la tarea que se extiende desde la intención del proyecto a la ejecución de la obra, pero que nos sitúan en otro plano diferente a los términos usuales de «restauración» o «conservación». Al proyectar con lo existente no restauramos ni conservamos, tal vez, si recuperamos, nos enfrentamos a arquitecturas con valores que se han de conservar o proteger, algunas veces incluso sin valor patrimonial alguno con el resultado de una obra diferente a la original. La restauración, la conservación, son el primer y lógico impulso del arquitecto que pone su conocimiento al servicio de mantener en el tiempo y en el espacio arquitecturas para perdurar materialmente, intentando consolidar lo que suponemos que el autor quiso hacer o lo que la obra pide, independientemente de sus verdaderas y desconocidas intenciones.

También, liberados de esta atadura, han sido posibles las más bellas obras de arquitectura de la historia. Arquitecturas, que de forma anónima muchas de ellas, han usado la continuidad de la materia para configurar una obra nueva. Hasta entrado el siglo XVIII los edificios se reutilizaban, se reparaban o se usaban como cantera de material de construcción hasta desaparecer naturalmente. Me refiero a obras como el Duomo de Siracusa, que incorpora las enormes columnas de un templo dórico a un espacio barroco y a una reconstruida fachada; o a San Donato, en Zadar, Croacia, donde las enormes basas del foro romano sirven de soporte a la iglesia prerrománica de planta circular. O como sucede en la iglesia visigoda de San Juan de Baños, en Palencia, donde parábamos en los viajes a La Olmeda para admirar el sentido común de usar lo que se tiene con una sostenibilidad arcaica absolutamente contemporánea. Estas reflexiones han ido tomando forma en sucesivos escritos y clases a través de títulos como «Proyectando con otros», «Tiempo en el espacio», «Compuestos de antiguo y moderno», «Arquitecturas en continuidad», «Construir con lo que existe», «Metamorfosis crítica»... a la vez que tomaban forma las propias arquitecturas.

Con estas y otras valiosas referencias podríamos fabular y pensar sobre su proceso, sobre sus relaciones con otras obras y autores, pero me referiré a cómo hemos pasado en nuestra obra de la abstracción a la realidad, de las ideas a la materia, a la acción desde la práctica de la arquitectura.

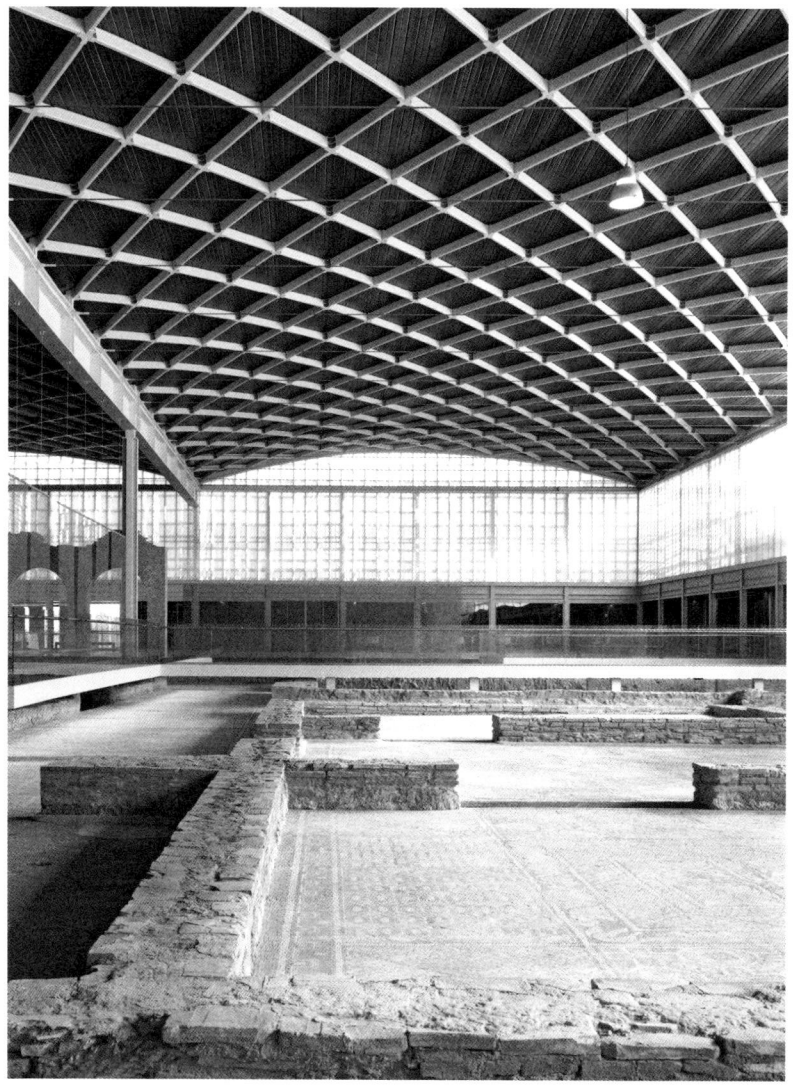

VILLA ROMANA LA OLMEDA, PALENCIA
Paredes Pedrosa Arquitectos, 2000-2009
Fotografía © Roland Halbe

LECTURAS ARQUEOLÓGICAS

En el siglo XIX aparece el interés por las reconstrucciones y las restauraciones de los edificios de la antigüedad, que nace con los grandes descubrimientos arqueológicos, con dos posiciones conceptuales: la de Ruskin (*Las siete lámparas de la arquitectura*, 1849), que propone conservar y respetar los restos tal como se encuentran, y la de Viollet-le-Duc (*Entretiens sur l'architecture*, 1863), que propone restituir su forma original, con una gran parte de reconstrucción ideal, digamos, de invención, pues no sería posible las más de las veces conocer su forma originaria. Esa restitución consideraba legítima la reelaboración de lo que se suponía que había sido su forma original.

Se inicia entonces la reconstrucción y la restauración de los Foros Romanos, con la fascinación romántica por la ruina. La ruina nos deja abierta la imaginación a la aportación personal. Roma, la ruina romana, permite imaginar, completar la forma, incluso sin materia, dejando espacio a la visión personal. Pero ¿es la reconstrucción de las «ruinas» una actitud acorde con los planteamientos actuales de la arquitectura? Cada tiempo ha abordado la arqueología y el proyecto de arquitectura de forma distinta, desde la novedad que supuso las primeras noticias sobre los tiempos antiguos en la época humanista, en la que la arqueología poseía un valor de actualidad, de modernidad no histórica, al redescubrimiento del clasicismo en el siglo XVIII y su impacto en la arquitectura de ese momento. Quizá la actitud del arquitecto frente a la arqueología ha sido siempre distinta a la del arqueólogo, estudioso de los restos del pasado, deseoso de conocer a través de un método científico cómo eran las sociedades precedentes a través de los fragmentos que nos han llegado, cómo eran esas personas, sus casas, su cultura y su forma de vida. Sin embargo, el arquitecto, carente de esa nostalgia, ha encontrado el valor de la actualidad en la arqueología, para aplicarlo en cada momento a la arquitectura de su propio tiempo.

Independientemente del valor histórico de los fragmentos del pasado es posible incorporarlos a la arquitectura como una parte más del proyecto. En este sentido, los proyectos que hemos desarrollado aceptan de distintas maneras la transformación de lo existente y su inclusión en un tiempo distinto para formar parte de las nuevas construcciones. Los fragmentos del pasado en estas obras se han convertido en una inusitada herramienta de proyecto, con los que no es necesario establecer una continuidad física entre lo existente y lo nuevo. La confrontación entre los restos arqueológicos y la nueva arquitectura, si bien con distinto carácter en cada proyecto, implica un diálogo entre las partes que, independientes, establecen una secuencia no diluida, como si se tratara de arquitecturas yuxtapuestas. Esta actitud en ocasiones ha sido considerada arbitraria, por condicionar los restos del pasado a una interpretación no justificada.

En 2013 participamos en el concurso para la cobertura del Auditorio de Adriano, en Roma, pensando más en resolver el problema urbano de una ciudad paralizada por el peso de sus ruinas que por la conservación de estas. En 2016 esta propuesta fue añadida como una pieza más del conjunto en el concurso para los Foros Imperiales de Roma, en el que, más allá de ordenar o reconstruir el área arqueológica de los Foros Imperiales, propusimos la recomposición del tejido urbano, atravesado en la actualidad por esta Vía, y la recuperación para la ciudad de una amplia plataforma urbana transitable en sus diversos niveles en continuidad con la trama contemporánea. En nuestro dibujo para los Foros Imperiales, esta plataforma urbana no se considera solo un área arqueológica protegida, sino una parte integrante de la ciudad, que debe ser ordenada y vinculada con su trama.

Ya en el evento *Roma Interrotta*, en 1978, los doce arquitectos internacionales que fueron invitados a diseñar una sección del plano de Nolli y a redibujar Roma, suponían que el tiempo había sido detenido desde la creación del mapa original de Roma, en 1748, y que la historia había sido interrumpida. En 2016, el plano de Roma en el área de los Foros Imperiales vuelve a ser objeto de la atención de los dieciocho equipos de arquitectos que fuimos invitados por el *Piranesi Prix de Rome* para pensar en la extensa área arqueológica de los Foros Imperiales. Las diversas propuestas, unas desde una mirada romántica hacia las ruinas, otras desde la consideración de la ciudad como museo y algunas propuestas con rotundas nuevas construcciones, imaginan y redibujan de nuevo el plano de Roma. Un plano que siempre provoca fascinación por estas ruinas que, incrustadas como piedras preciosas en una ciudad viva, se mantienen inalteradas en el tiempo. Las imágenes antiguas de los Foros Republicanos apenas ofrecen diferencias con las actuales, aparte de la transformación del plano horizontal; sin embargo, los Foros Imperiales, excavados a raíz de la construcción de la Vía de los Foros en 1932, dibujan una nueva planimetría ajena a la ciudad actual.

Nuestra propuesta para los Foros Imperiales recupera la topografía originaria usando los niveles de la ciudad y de los Foros, donde se redibuja el perímetro de la planta de cada uno de los edificios con unas estructuras ligeras donde se ordenan y se clasifican los restos arqueológicos ahora dispersos, en un «jardín de piedra». Sobre estas estructuras de carácter efímero, la ciudad recupera los recorridos a ambos lados de la Vía de los Foros, cuyo impuesto trazado recto queda desdibujado, y desde ellas se iluminan por la noche los recintos arqueológicos. Entre ambos niveles se proyecta el Museo, que incorpora la existente Villa Rivaldi y sus jardines, donde se expone la *Forma Urbis* en una nueva construcción desde cuya terraza pública se divisaría el eje visual entre Piazza Venezia y el Coliseo. El proyecto resuelve y enlaza en los distintos puntos y niveles la trama de la ciudad con la huella de los Foros Imperiales. Y quizás la adecuación de estos Foros sea, más allá de su recuperación histórica, el argumento para mejorar la ciudad de hoy y para integrar en una propuesta unitaria tan diversas situaciones y preexistencias.

En la Villa Romana La Olmeda, en Palencia, que nos ocupó casi una década desde el año 2000, la arqueología es la razón de ser del proyecto, pero, además de la conservación del yacimiento arqueológico, supone una reflexión sobre cómo exponer los fragmentos del pasado. La propuesta del concurso, de lema Noli me Tangere, planteaba algunas cuestiones como la independencia formal y física de la preexistencia y de la nueva construcción, eludiendo «reconstruir» unos desconocidos muros romanos a la manera de Viollet-Le-Duc en su reconstrucción ideal de un interior romano. Así, los nuevos usos se infiltraron como piezas autónomas entre los muros, enlazados por una plataforma de madera que recorre, siempre horizontal, toda la excavación, y que se detiene en los principales puntos de observación de los valiosos mosaicos. La nueva construcción y los muros existentes son independientes pero yuxtapuestos, no tienen contacto y actúan como un marco para una obra de arte que debe ser puesta en valor. Como en un *antiquarium*, las salas excavadas no se reconstruyen, y se sitúan cada una como piezas independientes en un lienzo común que les da continuidad y afirman su situación para la mejor comprensión del conjunto. Interpretamos este interior como la reconstrucción espacial de un palacio, sin materia, con una alta cubierta ligera laminar que parece flotar sobre la excavación. La referencia de la tercera dimensión de las estancias de esta gran villa rural era necesaria para la comprensión de una desconocida arquitectura, en la que los mosaicos eran su plano horizontal y que sin duda quedan protegidos.

Su exterior se dimensiona con la escala de las choperas del paisaje rural del Carrión, con módulos de chapa metálica perforada plegada sobre un zócalo de hormigón, arropado con un talud vegetal que lo ata al suelo en el que permaneció la Villa enterrada durante siglos. Los troqueles de este cerramiento varían su densidad según la altura, como lo hacen las ramas de los árboles, para integrarse en el paisaje y tamizar la entrada de luz natural. Estas reflexiones sobre la relación del proyecto con lo que ya existe fueron tomando forma durante más de una década, y ahora podríamos decir, que la interpretación de este lugar arqueológico se ha convertido en una construcción en el paisaje.

Eludimos entonces una reconstrucción desconocida incluso por los arqueólogos, ¿reconstruir qué realidad? No son muchas las referencias construidas en este sentido, las más de las veces las construcciones se limitan a proteger los restos arqueológicos sin una idea unitaria de proyecto, como sucede en la Villa Romana de Casale, en Piazza Armerina. En Chur, Suiza, Peter Zumthor, en 1986, planteó sin embargo una propuesta unitaria para musealizar los restos arqueológicos romanos, una caja-celosía de madera presidida por un lucernario central que construye un espacio simbólico en el que el tiempo queda atrapado.

También en el Museo Hedmark, en Hamar, Noruega, Sverre Fehn pone en valor los restos de una fortaleza medieval que se entrevera con la arquitectura nueva que la protege. El lugar se convierte en un museo en sí mismo, las trazas de los fragmentos murarios se enlazan con la poderosa nueva rampa de hormigón y la cubierta de madera se posa sobre los renovados, que no restaurados, muros de piedra en los que se superponen protectores vidrios en algunos huecos. El Museo es, sin duda, más hermoso que la ruina en sí misma y transmite una nueva realidad del lugar. Fehn, a propósito del Museo Hedmark, escribe: «Queriendo perseguir el pasado no se alcanzará jamás. Sólo la manifestación del presente puede hacer revivir el pasado». Tal vez sea más sencillo explicar a través de las obras estas interpretaciones arqueológicas y la diferencia entre «proteger» y «poner en valor» al traer el pasado al presente. El término «reconstruir» implica completar materialmente, sin embargo «interpretar» permite recomponer imaginariamente un espacio.

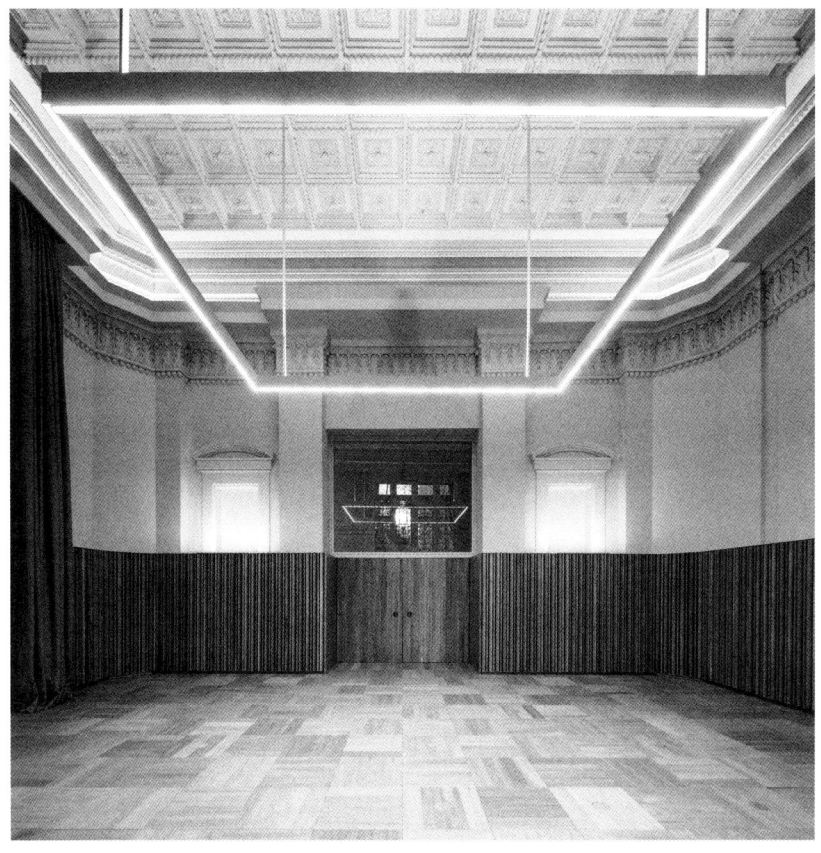

BANCO DE ESPAÑA, MADRID
ZAGUÁN EN PLANTA BASAMENTAL DEL PASEO DEL PRADO
Paredes Pedrosa Arquitectos, 2012-2015
Fotografía © Fernando Alda

VARIACIONES EN EL TIEMPO

La interpretación de arquitecturas hechas por personas diferentes al autor da lugar en cada momento a una nueva obra, a una nueva realidad que es susceptible de seguir cambiando. Me refiero a las variaciones en el tiempo de una obra en la que la huella de los intervinientes, de los intérpretes arquitectos, queda integrada en el espacio arquitectónico y diluida en el tiempo. Digamos, incluso, que la obra del primer autor sería una voz más que queda confundida en la obra con las voces posteriores.

Así sucede en el *Espacio Torner* en Cuenca en el que la instalación de su obra en la iglesia de San Pablo es, como en el estudio de San Jerónimo de Antonello da Messina, una arquitectura superpuesta que no interfiere con el limpio interior gótico. Así sucede en las diversas intervenciones que hemos realizado en el edificio de la Sede Central del Banco de España, en Madrid, inaugurado en 1891 según el proyecto de Eduardo de Adaro, que se renueva continuamente con diversas intervenciones que comprenden desde la restauración, entendida como mantenimiento de su arquitectura, a otras que modifican sus interiores, poniendo en valor espacios olvidados para ser ocupados con nuevos usos. El edificio histórico tuvo diversas ampliaciones entre 1920 y 1970, hasta que Rafael Moneo concluyó la manzana con el edificio «cierre» en 2006. Trabajar con lo ya existente implica interpretar con una nueva voz, con nuevas palabras las que alguien dejó escritas. En arquitectura, restaurar supone fijar la imagen pasada que fue o que suponemos que fue, sin embargo, interpretar lo que existe es transmitir el pasado con una voz del presente. Con este pensamiento se suceden las diversas intervenciones que hemos hecho en este edificio que desde su poderoso chaflán mira a la Plaza de Cibeles de Madrid y que aparentemente permanece invariable en el tiempo.

Hemos intervenido continuadamente en diversos espacios del edificio histórico del Banco de España desde 1986, cuando recuperamos para uso de sala de exposiciones el antiguo acceso del chaflán de Cibeles. En 2009 rehabilitamos la planta de mansardas para el Departamento Jurídico; en 2011 proyectamos el nuevo núcleo de comunicaciones verticales, que se convirtió en un inusitado espacio expositivo con la singular obra *Zona Euro* de Ignasi Aballí, y en 2013 intervinimos en el área en torno al Patio de Operaciones. Las últimas intervenciones, en 2015, son el antiguo Archivo General, situado en planta basamento, frente al Paseo del Prado, que restituye un gran espacio originario y sus encasetonados techos de acero ocultos desde su construcción, y en 2018 recuperamos el antiguo llavero, en el que se introduce la luz natural por un nuevo lucernario cristalográfico abierto en uno de los patios del edificio.

En estas intervenciones el objetivo ha sido desvelar espacios olvidados de los que el propio Banco no sospechaba de su existencia, en los que las amplias alturas originales estaban ocupadas por particiones y forjados apresurados. De la lectura de los antiguos planos de este edificio se deducían interiores desconocidos que han sido puestos en valor y en uso para incorporarse a las necesidades actuales y cambiantes de esta institución. De otra parte, junto a la inserción de nuevas arquitecturas en estos interiores, hemos restaurado los elementos ornamentales y constructivos hallados, y durante cuatro décadas hemos sido una voz más en este edificio catalogado como bien de interés cultural.

Giancarlo De Carlo[7] explica que no es ni un conservador ni un restaurador de arquitecturas cuando interviene en espacios

---

7. Giancarlo De Carlo, Discurso de apertura de la Licenciatura en Ciencias del Patrimonio Cultural. Siracusa, febrero de 2003. Publicado en *Percorsi*, IUAV - Archivio Progetti. Il Poligrafo, Padua, 2004.

patrimoniales, sino tan solo un arquitecto que incidentalmente trabaja donde hay otras arquitecturas, prefiriendo el término «recuperar», que implica proyectar una nueva realidad vinculada a la anterior, a los de «restaurar» o «conservar». Recordemos sus palabras en el manifiesto de los cursos del ILAUD[8].

«Primero que nada comenzamos con la "lectura" de los lugares, ampliando la perspectiva tanto como sea posible y al mismo tiempo enfocamos sus personajes específicos. Si se puede leer el gran palimpsesto de la ciudad y el territorio se puede comprender todo: los acontecimientos ocurridos a través del tiempo, la historia, el desarrollo social y cultural, el sentido y el papel de los sistemas organizativos y de las formas arquitectónicas. Pero para leer hay que saber mirar en la profundidad de las estratificaciones, descubrir y seleccionar críticamente los signos más significativos que no buscan soluciones unívocas sino confrontar el ámbito del proyecto con una serie de hipótesis que desvelan su sustancia y abren el proceso de su transformación; al mismo tiempo la impulsan a hablar de su capacidad de resistencia al cambio, de cómo se puede cambiar para lograr estructuras y formas adecuadas a las circunstancias y a las expectativas».

La lectura exhaustiva de la ciudad que De Carlo hace en su libro *Urbino*[9], convierte a este reconocido arquitecto moderno en un verdadero «ghost architect», tomando prestado de la literatura el término «ghost writer», el fantasma como el mejor narrador posible, pues todo lo que ha pasado ya ha pasado, no le ha pasado a él, pero lo interpreta. De Carlo interviene en Urbino entre 1950 a 1990, y en la obra del arquitecto del Quattrocento

---

8. ILAUD International Laboratory of Architecture & Urban Design, fundado por Giancarlo De Carlo en 1976 y que dirigió hasta 2005.

9. *Urbino, la storia La storia di una città e il piano della sua evoluzione urbanistica.* Marsilio editori, Padova, 1966.

Francesco di Giorgio Martini. La recuperación para la ciudad que hace De Carlo de la rampa de di Giorgio, activando un lugar olvidado, nos dice cuánto puede hacer un arquitecto por un edificio, por una ciudad, como desvelador de espacios más que como constructor de lo nuevo, desde el silencio y desde lo existente. Siglos atrás pasaban personas a caballo por la rampa para llegar al fascinante Palacio Ducal y hoy es un paso necesario que conecta los niveles de la abrupta topografía de Urbino. Aldo Van Eyck, compañero de De Carlo del *Team Ten*, escribe de esta obra: «Creo que es significativo que de todas las ciudades italianas fuese Urbino, la más humanista y homogénea; y de todos los arquitectos italianos, Francesco di Giorgio Martini, el más humanista y funcionalmente imaginativo, los que dieran a De Carlo la clase de apoyo de la que ningún arquitecto puede prescindir si va a hacer algo que pertenezca al futuro. Me parece que pasado, presente y futuro deberían estar activos en el pensamiento como un *continuum*».

Los edificios que proyecta De Carlo en Urbino para la universidad, tallados en el tejido del centro histórico a partir de la lectura e interpretación de la obra del arquitecto renacentista en la ciudad, no estarían permitidos ahora en un momento donde prima el término «restaurar» sobre «recuperar» o «interpretar». Sin embargo, han construido una nueva realidad en Urbino, integrando el antiguo teatro y la rampa, permitiendo continuidades espaciales inexistentes y más aún, incorporando uso y actividad en un congelado centro histórico. La sala semicircular del edificio Magistero incrustada en la ciudad como un ojo de cristal, aúna espacio público y privado en la concepción de la arquitectura como un proceso continuo donde intervienen diversos autores. Las obras de De Carlo en Urbino y su propuesta urbana no tienen la intención de «reconstruir» un pasado, se refieren a unas variaciones en el tiempo desde el renacimiento, superpuestas a la ciudad medieval, donde las iglesias se pueden usar para programas culturales y los edificios valiosos del pasado pueden modificar el significado que tuvieron en su origen, para ser recuperados en un contexto contemporáneo y que serán nuevamente modificados en un futuro. Así las voces de los sucesivos arquitectos quedan confundidas en una obra coral en el lugar y en el tiempo.

En palabras de De Carlo:

«Generalmente se cree que la inserción de un nuevo edificio en un centro histórico se resuelve estableciendo una justa relación sea de "consonancia" o "disonancia" con el contexto figurativo exterior del tejido preexistente. Sin embargo, la solución parece bastante más compleja porque debe implicar muchas otras componentes: la topología, la escala, la organización de los espacios internos, la interrelación entre estos, la estructura de los espacios exteriores, la técnica constructiva o las soluciones tecnológicas que concurren en el funcionamiento del organismo, son probablemente hechos más importantes que el alinearse en uno u otro partido. Jugando sólo con estas últimas componentes se puede recaer de hecho en los preconceptos del mimetismo o del contraste con resultados igualmente extraños a la realidad del contexto histórico»[10].

---

10. Giancarlo De Carlo, «Questioni, Il Centro Manuel de Falla a Granada», *Spazio e Società*, núm. 6, Milán, junio de 1979.

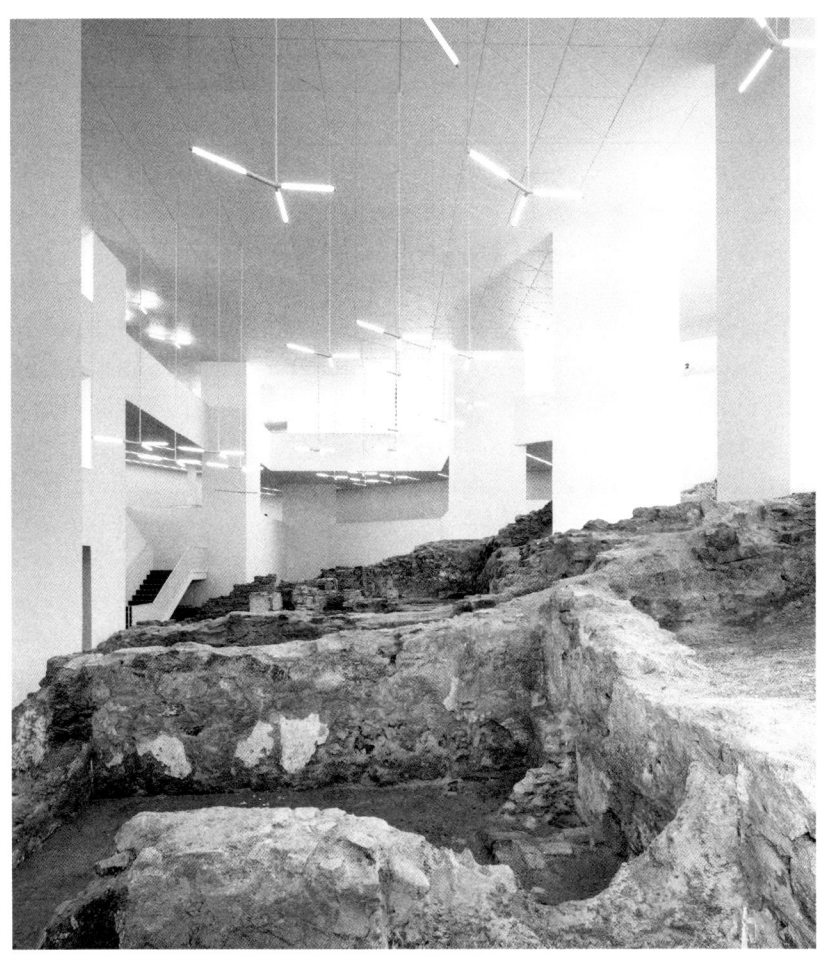

BIBLIOTECA PÚBLICA DE CEUTA
Paredes Pedrosa Arquitectos, 2007-2013
Fotografía © Fernando Alda

EXCAVACIONES INVISIBLES

Nunca vimos, antes de iniciar las obras de la nueva Embajada de España en Italia, en la Plaza Navona, en Roma, los muros del Estadio de Domiciano que permanecían envueltos en oscuridad, en humedad y en el olvido cuatro metros bajo el nivel de la plaza, soportando los cimientos del edificio que recuperamos. En realidad, el inmueble es la unión de dos casas históricas, casa IX y casa X, sin apenas valor representativo, descritas en el libro de Giovanni Batista de 1680, que lindan con la Iglesia de Santiago de los Españoles, que fueron usadas como hospedaje de peregrinos. El laberinto interno de niveles y espacios se explica desde este uso que creció desordenado sobre las huellas invisibles del Estadio romano del año 85 d. C. en su extremo sureste. El perímetro de su arena dio lugar a la nítida y extraordinaria Plaza Navona, que se jalonó de iglesias, viviendas y algún palacio sobre una excavación oculta bajo las construcciones que nos hacen visible hoy la forma del Estadio en la imaginación.

El excepcional entorno histórico y cultural en el que se ubica el edificio de la Cancillería determinó la intervención con un criterio arquitectónico integrador. Fundamentalmente, recuperar el carácter de la fachada en la que se unifican los huecos, haciéndola partícipe como unidad institucional del imponente espacio urbano de la Plaza y de un orden interno que surge desde los cimientos romanos que recorren invisibles el conjunto urbano. Se recupera el orden originario, repristinando lo existente, tomando su significado más amplio: «volver a dar valor a algo que lo había perdido, reconstruir algo devolviéndolo a su estado original». Con la intervención no solo se adecuaron los usos a las necesidades, sino también se dotó al edificio de un orden estructural y espacial, retirando divisiones y eliminando las construcciones que invadían la vidriera del luneto de la Capilla Serra, obra de Sangallo.

Nunca vimos tampoco, antes de finalizar las obras de la Biblioteca de Ceuta hace ya una década, la excavación arqueológica que permanece ahora incrustada en su interior como una rara geoda de tiempo, tierra y piedras. Disponíamos de unos planos inexactos, de unas fotografías confusas y de unos informes que explicaban la existencia del fragmento de una ciudad aterrazada situada entre la Almina y el Istmo con unas casas islámicas del siglo XIV. Había muros con algunas pinturas y suelos de cerámica geométrica de los que no se planteaba su conservación integral, que quedaban explicados en los informes arqueológicos. El proceso de una excavación remueve los estratos del tiempo en orden inverso a como se han formado, y como en otras ocasiones, la excavación una vez documentada y analizada se cubrió de tierra nuevamente para esperar bien a un destino final o bien su destrucción. En Ceuta, esta excavación arqueológica cubierta por una protectora montaña de tierra, ya tapizada de vegetación por el paso del tiempo, acompañó las obras de la Biblioteca.

El edificio incorpora en sus espacios de lectura la excavación arqueológica, un vestigio de la ciudad medieval meriní, que modifica su valor arqueológico al ser integrado en su espacio interior. El valor urbano de su traza ortogonal y el valor de la memoria de sus casas, huertos, patios y aljibes decidió su inclusión en los espacios de la Biblioteca y su transformación en un objeto para la contemplación y para la memoria. La independencia del edificio respecto del interior arqueológico es, como sucede en La Olmeda, una intención de proyecto, sin embargo, la preexistencia en Ceuta se convierte en necesaria para la definición de los nuevos espacios. La excavación arqueológica podría ser considerada un objeto con valor artístico al margen de su valor histórico y documental a través de otra mirada. Este fragmento de la ciudad medieval debía ser simplemente conservado para su estudio como un documento de otro tiempo, quizá relegado, como tantas veces, a un oscuro sótano en la nueva construcción visitable solo para investigadores, no necesariamente expuesto, pero la Biblioteca lo incorpora a su propio espacio y a nuestro tiempo. Su traza ortogonal tenía un alto valor documental al constatar que el urbanismo musulmán trazó la ciudad con ejes a 90 grados, como sucede en otras ciudades del norte de África, y no en laberinto. El giro entre dos geometrías ortogonales, la meriní y la de la ciudad contemporánea, determinó la estructura que cubre la excavación sobre siete pilonas triangulares que soportan una losa de transición de casetones triangulares que incorpora ambas geometrías. Interpretamos ese fragmento de ciudad como una instalación que descubre relaciones y vínculos valiosos para el proyecto de arquitectura.

La inclusión en el corazón de un edificio de unos fragmentos arqueológicos, como sucede en la Biblioteca de Ceuta, difiere de la del Museo Kolumba, de Peter Zumthor, en Colonia. La Biblioteca no fue construida para proteger una excavación, se vale de ella para proyectar su espacio interior que incidentalmente pasa a ser un lugar de contemplación. En Kolumba, las excavaciones arqueológicas sacaron a la luz, aparte de los cimientos de la iglesia gótica, restos romanos de los siglos II y III y restos de época románica, y el edificio se construyó para protegerlos y para ser contemplados. Sin embargo, en ambos proyectos, la cimentación de la estructura que las cubre supone el mismo problema técnico, no incidir en las antiguas huellas. Una primera versión de la estructura de la Biblioteca de Ceuta contemplaba un conjunto de delgados pilares micropilotados, como en Kolumba, distribuidos en la topografía de la excavación que fue contestada por los informes patrimoniales que permitieron tan solo cimentar en siete puntos y dejar visibles los poderosos muros del pasado que surgían de una tierra con fuerte desnivel y que son el argumento de la Biblioteca.

Una topografía que surge de la tierra, con rocas y árboles, y queda englobada en un edificio vaciado en su interior, lo vemos a una escala mayor en la Fundación Ford, en Nueva York, de Kevin Roche y John Dinkeloo, que yuxtapone una realidad diferente a la arquitectura. Este espacio, aparentemente, parte de un paisaje originario, es un sofisticado proyecto paisajístico de Daniel Kiley, instalado en la planta baja de su elegante atrio de más de cuarenta metros de altura, con una topografía que conecta cuatro metros de desnivel entre entradas opuestas al edificio. Así en Ceuta, al margen de las diversas cuestiones del proyecto, la intención de incorporar la excavación y su topografía al espacio de lectura fue tomando forma. Una excavación de la ciudad que construyeron los musulmanes hispanos empujados por el avance de la reconquista cristiana al pasar la frontera geográfica del Estrecho de Gibraltar como gran grieta entre dos continentes. Esa grieta fue interpretada por la artista Doris Salcedo en la Sala de Turbinas de la Tate Modern, en Londres, en 2007, en su instalación *Shibboleth*, que intervenía en la estructura del edificio al aparentar romper el suelo de hormigón con una gran grieta irregular de 168 metros de largo y más de medio metro de profundidad. En palabras de la artista: «Representa las fronteras, la experiencia de los inmigrantes, la experiencia de la segregación, la experiencia del odio racial. Es la experiencia de una persona del Tercer Mundo que llega al corazón de Europa».

Otras referencias, como la impresionante instalación *You*, de Urs Fisher, en 2007, para la galería Gavin Brown's Enterprise en Nueva York, ayudan a explicar el espacio híbrido en el que la arqueología queda en un plano secundario frente a la potencia de la masa de tierra excavada. Se trata de un cráter de 2,5 metros de profundidad que medía 11,6 × 9,1 metros, extendiéndose hasta las paredes de la estancia, que fue excavado dentro de las inmaculadas paredes blancas de la galería. Según el New York Magazine[11], la construcción del pozo duró diez días y costó 250.000 dólares. El mismo informe muestra que fue excavado con martillos neumáticos para remover la losa y el pavimento de hormigón. Los trabajadores utilizaron una retroexcavadora para retirar las toneladas de escombros que había alrededor del área. Un cartel en la puerta advertía: «la instalación es físicamente peligrosa e implica inherentemente el riesgo de lesiones graves o muerte». Otra edición de *You* se instaló en la Fundación Brant, en 2011. En ambos casos, el artista consultó con ingenieros y supo hasta dónde podía llegar, sin acercarse demasiado a los cimientos de los edificios, con el mismo esfuerzo material y riesgo que supone la arquitectura. Esta instalación hace referencia a otras intervenciones de los años 1960 y 1970 con masas de tierra en interiores de edificios, creadas por artistas como Gordon Matta-Clark, Walter De Maria o Robert Smithson, en los que se confronta la lisura de una arquitectura tersa con la rudeza de la tierra y el escombro de una excavación invisible desde el exterior.

---

11. Can you dig it? *New York Magazine*, Nov. 21, 2007.

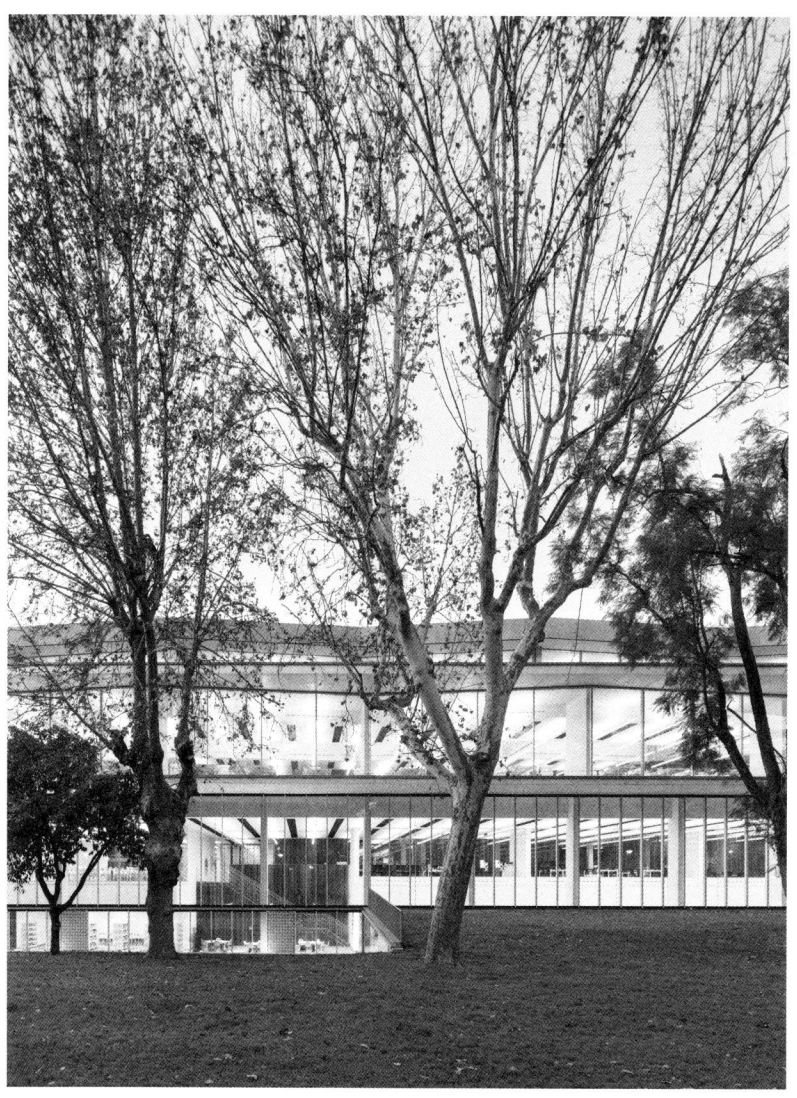

BIBLIOTECA PÚBLICA DE CÓRDOBA
Paredes Pedrosa Arquitectos, 2007-2023
Fotografía © Roland Halbe

LAS HUELLAS DE LA NATURALEZA

Interpretar naturalezas, entendidas como el universo de seres vivos y plantas que nos rodea, aporta a la arquitectura una visión más amplia que la del habitual «contexto», que suele referirse a lo construido, a lo material, a la acción humana. La arquitectura nos permite cobijarnos en la naturaleza, pero también deseamos recrearla una vez domesticada. Son tal vez más nítidos los términos materiales como árboles, rocas, vientos, lluvias... que afectan a la arquitectura y que hoy, con los necesarios criterios medioambientales, son de plena vigencia. La cada vez mayor atención prestada a los espacios abiertos, al clima, a la vegetación, al deseo de incorporar una naturaleza olvidada a las ciudades, a los edificios, amplía el ya valioso campo de interpretación contextual en arquitectura.

El concepto de «urbanismo del paisaje», que desde los años noventa sostiene que la mejor forma de proyectar una ciudad es a través del diseño del paisaje urbano en lugar de hacerlo a través del diseño de los edificios, es necesario en los recintos urbanos donde lo construido no se suele integrar con los vacíos. En otras palabras, considerar los espacios entre los edificios, el negativo de las construcciones permite pensar en la unidad del conjunto como una nueva entidad, con la capacidad de transformación que imprime la arquitectura en su entorno próximo. Los edificios con esta consideración pierden el carácter de objetos aislados y construyen también los espacios abiertos. Más allá del «urbanismo del paisaje» a escala territorial, es posible confrontar la arquitectura con su entorno, estableciendo relaciones no solo en su perímetro, en su encuentro con el suelo, sino también en su percepción visual distante.

En este sentido, nos enfrentamos en la Villa Romana La Olmeda a un hermoso paisaje en la vega del río Carrión. No había más construcciones en el entorno, el edificio no debía sobrepasar la altura de las arboledas y debía ser ligero y mimético con el lugar, como la silueta de una chopera. En los dibujos previos del proyecto está latente la imagen de la Capilla de Santiago, de 1954, de Romany y Sáenz de Oíza, como un objeto tecnológico y ligero sobre el paisaje de sembrados, vinculando el edificio a la geometría de la naturaleza y a la huella del yacimiento. Así, al margen de cuestiones estructurales, como son el arriostramiento o la resistencia al viento de un gran cerramiento, la lectura de la naturaleza como preexistencia fue interpretada en clave de una construcción. Las choperas de La Olmeda construyen un escenario que cambia continuamente según avanza o retrocede su repoblación. Se talan y se vuelven a plantar y parece que se trasladan de un lugar a otro. También el color del paso de las estaciones que pasa del verde en primavera al amarillo del verano, a los tostados de otoño y al glacial blanco invernal, inciden en la percepción del edificio.

Los árboles que acompañan los edificios tienen escala, dimensión en altura y planta, así como profundidad en la tierra. Afectan a los edificios, si bien tal vez por su carácter temporal no son considerados como una preexistencia como pueda ser la arquitectura con su poderosa materialidad resistente al tiempo. La presencia de estados originarios, paisajes y jardines, bien creados por la acción humana o naturales, son patrimonios que es posible interpretar dando lugar a una realidad más valiosa que el edificio considerado como un artefacto individual. Así, la reciente Biblioteca de Córdoba se apoya en el trazado de los Jardines de la Agricultura para incorporarlos a su arquitectura. Tanto la institución como el jardín nacieron al tiempo en el siglo XVIII, la biblioteca como lugar donde ordenar libros y clasificar el saber y el jardín botánico como una biblioteca de plantas, fruto de la pasión de la Ilustración por el conocimiento. La reflexión de Cicerón «Si tienes una biblioteca y un jardín, tienes todo lo que necesitas» nos explica esta relación donde el jardín abre posibilidades al proyecto, mitiga el ruido urbano y transforma los vacíos entre los edificios en una naturaleza contenida más consistente que la mera yuxtaposición de arquitecturas. En nuestro caso, los jardines ya eran, antes de la construcción de la Biblioteca, un lugar para la lectura tranquila y solitaria donde existió la antigua Biblioteca Séneca a principios del siglo XX, en la que se disfrutaba de la lectura al aire libre en bancos semicirculares cerámicos —algunos aún perduran— a la sombra de los árboles. La planta trapezoidal irregular de la Biblioteca de Córdoba toma la forma del parterre histórico y de los caminos del siglo XVIII, estrategia que ya usamos en la pequeña escuela infantil de Gandía, que además englobó seis moreras existentes.

Los jardines surgieron sobre las antiguas huertas cordobesas como espacio de paseo donde se plantaron gran variedad de especies vegetales y árboles, algunos poco frecuentes como un antiguo ginkgo. Las huertas fueron anteriormente huertos musulmanes en los arrabales de la capital califal en los márgenes de un antiguo cauce que llegaba hasta el rio Guadalquivir. Muros de piedra ordenaban el trazado de los arrabales y los sembrados y un fragmento excavado de estos muros del siglo X, testigo de ese tiempo, se integra en la Biblioteca articulando el interior y el patio infantil donde una grada tallada en el jardín permite la lectura al aire libre.

Leer, como si estuviéramos en las copas de los árboles, como Cósimo, el Barón Rampante de Italo Calvino, fue más una voluntad de vincular visualmente el jardín que de integrar materialmente este patrimonio natural, pensando en la agricultura convertida en jardín y en el jardín incorporado a la Biblioteca. La integración de la arquitectura en los jardines añade al valor de una biblioteca como edificio público, como «espacio cardinal de la ciudadanía», en palabras de Antonio Muñoz Molina[12], el deseo de habitar la naturaleza con una vinculación no necesariamente material, sino a través de la vista y de los sentidos.

Las arquitecturas nórdicas simbióticas con un contexto natural, como sucede en Otaniemi en el Dipoli, edificio para el sindicato de estudiantes de Reima y Raili Pietilä, de 1966; o en la capilla de Heikki y Kaija Siren, de 1957, expresan esa incorporación de la naturaleza en la arquitectura como herramienta de proyecto, siendo formalmente diferentes. El Dípoli, considerado como una arquitectura sin orden, refleja el entorno natural, que incluye las rocas como objetos inanimados en su propia forma que se introducen en su interior como minerales habitados. Los materiales extraídos del entorno, madera de pino en las extraordinarias carpinterías, todas diferentes, cobre y granito autóctonos, interpretan la forma y la materialidad del lugar. Sin embargo, la capilla de los Siren, desde una contenida racionalidad, sobrecoge al usar como retablo natural en su altar el paisaje del bosque finlandés visto desde el interior a través de una límpida y aparentemente inexistente pared de cristal. La planta es ordenada y cartesiana, la estructura de madera con tensores metálicos de la cubierta está fuertemente inclinada para recoger el débil sol nórdico. Vemos dos maneras diferentes de interpretar formalmente, de apoyarse en la naturaleza en ambos proyectos.

En otras arquitecturas escandinavas de su tiempo, como las de Alvar Aalto, proyectadas primero con Aino y después con Elissa, la preexistencia natural es evocada, mimetizada, tenida en cuenta en sus proyectos. Algunas obras aaltianas, como Villa Mairea, son en

12. Antonio Muñoz Molina, «De una biblioteca a otra». *El País*, 3 de mayo de 2008:
»Una biblioteca pública no es sólo un lugar para el conocimiento y el disfrute de los libros: también es uno de los espacios cardinales de la ciudadanía».

sí un trozo de naturaleza, tal es la interpretación que de ella hace para que consiga ser parte de ese lugar.

En estas arquitecturas unos espacios abiertos y verdes, sean naturales o creados por la mano del hombre, que ya fueron valorados en el siglo pasado y que ahora se miran con una nueva conciencia medioambiental, son integrados como un elemento más del proyecto. La iglesia de Imatra, de los Aalto, incorpora las formas y la luz blanca del paisaje finés cerca de la frontera rusa, altos pinos limpios y nieve blanca, que al cruzar la frontera rusa para visitar su Biblioteca de Viipuri, hoy Vyborg, se convierten en una fría masa acuosa y gris donde flotan ramas rotas. No son muchas las ocasiones que tiene la arquitectura de interpretar un entorno natural, nos enfrentamos los arquitectos las más de las veces a entornos paisajísticos destruidos o inexistentes, pero nos queda también la acción de un paisajismo reparador hoy tan necesario.

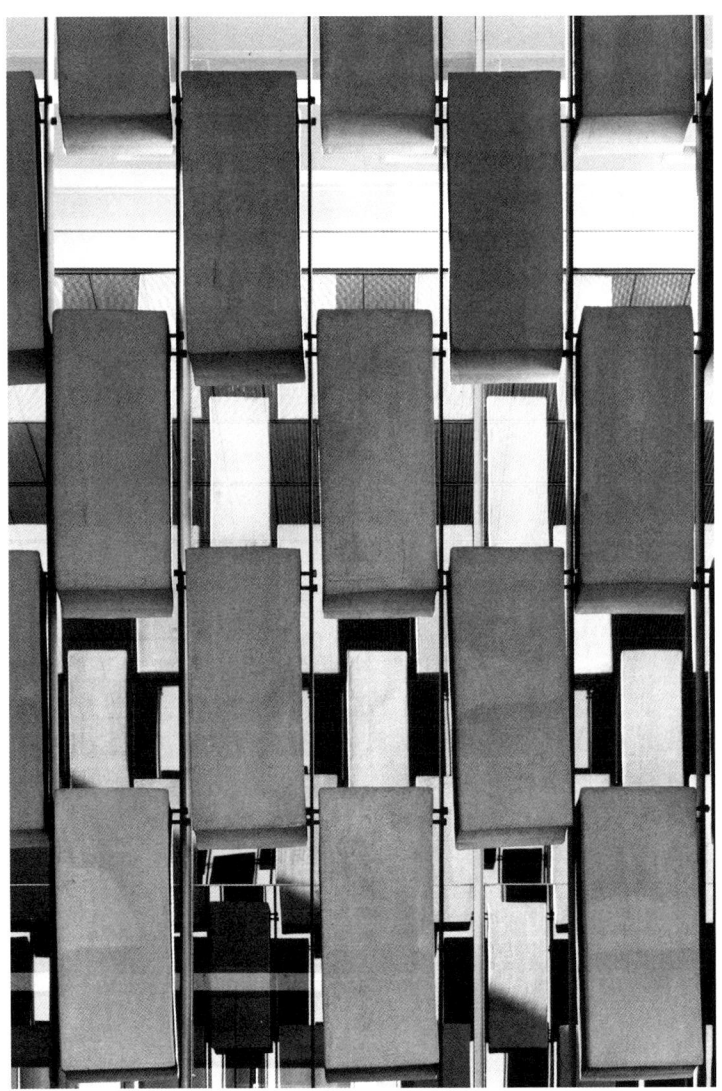

UMBRÁCULO EN EL PALACIO DE CONGRESOS DE PEÑÍSCOLA
Paredes Pedrosa Arquitectos, 2000-2003
Fotografía © Roland Halbe

CONCERTANDO BABEL

Hasta aquí, he expuesto la interpretación de arquitecturas que ya existían en proyectos que hemos realizado, proyectos no considerados como obra nueva, y también reflexiones sobre las obras de otros arquitectos que se enfrentaron a situaciones potencialmente similares. En estas obras interpretamos lo existente, la nueva arquitectura conversa con el pasado y se adelanta al presente.

Pero en nuestra manera de entender la arquitectura siempre hay una preexistencia. En otras obras, que podríamos denominar «de nueva planta», fue el contexto urbano la preexistencia protagonista del argumento del proyecto más que los propios edificios, todos ellos diferentes, como sucede en el Museo de Almería, en el Palau de Peñíscola o en el Teatro Valle Inclán en Madrid, realizados entre 2002 y 2004. En todos ellos, la disposición del edificio, no prevista en las intenciones de los concursos que les dieron origen, fue determinante en la solución arquitectónica adoptada en la que se transforma el espacio público. En Almería, la posición del edificio se invierte respecto del acceso original para configurar una plaza, antesala del Museo bajo una trama regular de palmeras. En Peñíscola, el espacio que antecede a su interior se resuelve con un umbráculo cerámico que configura un espacio intermedio en continuidad con el parque natural. El Teatro Valle Inclán se repliega hacia las medianeras para ceder espacio abierto frente a la entrada que enlaza visualmente con la Plaza de Lavapiés. Los tres proyectos procuran a la ciudad un espacio público para el encuentro donde no existía y que es parte de las propias arquitecturas.

Los edificios, independientemente de su función, de su construcción o de su forma, son parte de la ciudad y precisamente es la ciudad quien dice qué hay que hacer, qué debe considerarse en lo que allí se proyecta y también qué debe evitarse. Integrar el interior de los edificios públicos al espacio urbano ya fue anticipado por Giambattista Nolli con su mapa iconográfico, *La Pianta Grande di Roma*, de 1748, que tanto nos fascina a los arquitectos.

Volviendo a la interpretación en arquitectura que nos ocupa, al explicar lo que significa proyectar contando con lo existente, he citado arquitecturas del movimiento moderno del pasado siglo, más silenciosas y próximas en el tiempo, cuando la intervención en arquitecturas existentes ha sido recurrente en todos los tiempos: Miguel Ángel construye la cornisa del Palacio Farnese en Roma sobre el edificio construido por Sangallo el Joven, también construye la imponente escalera en la Biblioteca Laurenciana en Florencia en un edificio en el que intervinieron diversos arquitectos y Brunelleschi construyó la cúpula florentina sobre un tambor existente y, como nos aseveraba Sáenz de Oiza, no construyó una cúpula, construyó el Renacimiento, explicando así que el espacio es más poderoso que la materia.

Esta actitud del arquitecto renacentista es expresada por Ignasi de Solà-Morales: «La intervención sobre la realidad construida que la arquitectura del Renacimiento plantea es una intervención cuyo objetivo es unificar la totalidad del espacio como escenario de la vida humana. Esto significa subsumir bajo este proyecto de unidad la diversidad y la dislocación, la multiplicidad que la ciudad antigua y, sobre todo la ciudad medieval, ofrecía. Las intervenciones, ya sean puntuales, ya sean más intensamente unitarias, significan siempre el intento de releer esta realidad construida ya existente para intervenir sobre ella con un instrumento que es el proyecto de arquitectura para, a través de esta intervención, conseguir la unificación del espacio de la ciudad»[13]

---

13. Ignasi de Solà-Morales, «Teorías de la intervención arquitectónica», Cuatro cuadernos. Apuntes de arquitectura y patrimonio. *Quaderns d'arquitectura i urbanisme*, núm. 155, 1982.

El deseo de llegar a una unidad integradora al releer la realidad es aplicable cuando intervienen otras disciplinas artísticas en arquitectura. No me refiero solo a las vinculaciones magistrales entre artes y arquitectura a lo largo de la historia que han conseguido esa unidad, sino a obras recientes, como la efímera de Anselm Keifer en el Palacio Ducal de Venecia en la Bienal de Arte, que nos explican que el patrimonio no es carga sino información. Nunca vi el Palacio Ducal más cercano cuando interpretado por este artista emerge del pasado, de las cenizas del fuego del incendio que en 1577 destruyó las extraordinarias pinturas de esas salas que fueron repuestas por nuevos artistas renacentistas.

De la memoria de esas cenizas nace un nuevo palacio veneciano, como sucedió también en la instalación para *Prometeo* de Luigi Nono por Renzo Piano, en 1984, en Venecia, en la que el espacio escénico lo ocupaban espectadores y músicos integrados en el extraordinario espacio de la iglesia de San Lorenzo. En estas obras no hay artes superpuestas, sino integradas en una nueva realidad sin tiempo, y responden a una expresión personal del autor-intérprete que transforma aquello que fue creado originariamente.

En su libro *Después de Babel*, George Steiner, explica cómo el intérprete trae a la realidad y da vida una obra de antes en cada momento: «Lo que me interesa es la «interpretación», entendida como lo que da vida al lenguaje más allá del lugar y del momento de su enunciación o transcripción inmediatas. La palabra francesa "interprète" condensa todos los valores pertinentes. Un actor es "interprète" de Racine; un pianista hace una "interprétation" de una sonata de Beethoven. En virtud del movimiento por el que ve comprometida su propia identidad, el crítico se convierte en un "interprète" —un ejecutante que da vida— de Montaigne o de Mallarmé. El término inglés "interpreter" posee mucha menos fuerza, pues no incluye el mundo del actor y si incluye el del músico solo lo hace por analogía. Pero es congruente con el término francés cuando se proyecta en un sentido también esencial: "interprète/ interpreter" se usan comúnmente para referirse al traductor»[14].

Sin embargo, para explicar la arquitectura, que es matérica, Steiner necesita ubicarla en un tiempo: «El pasado tal y como lo conocemos es, en su mayor parte, una construcción verbal. La historia es un acto verbal, un uso selectivo de los tiempos pretéritos. Aun vestigios tan concretos como los edificios y monumentos históricos deben ser "leídos", es decir reubicados en un contexto de identificación verbal antes de que puedan cobrar presencia real».

Sin embargo, en la práctica arquitectónica, existen más contextos interpretables además del contexto material y del contexto verbal. En este contexto ampliado interpretamos la realidad, el entorno, el espacio, la materialidad y las necesidades, interpretamos lo que existió e interpretamos lo que otras artes hicieron o hacen y lo hacemos con otros, para otros y con la economía de otros. Y esa interpretación amplia, hecha por personas diferentes, lleva a una obra u otra. Aquí reside la dificultad de establecer unas normas para intervenir en arquitecturas que ya existen al ser múltiple la posible lectura a tan diversas cuestiones.

En las obras expuestas en este discurso la preexistencia es una herramienta más del proyecto, no un elemento de clasificación ni de mera conservación, y los fragmentos del pasado se incorporan a los distintos proyectos siendo una parte más de los mismos usando lo que existe, incorporados como un valor añadido y expresando su carácter incidental en la arquitectura. La continuidad material de lo construido se presenta, de esta manera, como un camino en

---

14. George Steiner, *Después de Babel Aspectos del lenguaje y la traducción*. Oxford University Press, Nueva York, 1975.

el que la arquitectura asume su condición de temporalidad sin imponer un carácter definitivo. Simplemente es una interpretación que podrá volver a ser interpretada cuantas veces sea necesaria, tal vez podría ser la tercera interpretación literaria que explica Umberto Eco, en su *intentio lectoris* (percepción del lector)[15].

Pero para el esfuerzo material y físico que requiere la arquitectura para su realidad es necesario voluntad, energía, perseverancia y tiempo. El proceso de esta interpretación puede ser incierto al no ver el resultado hasta el final del recorrido, tras el fragor de la batalla, que es su construcción. En ocasiones no hallamos certezas durante el proceso, pero sí encontramos la necesaria confianza tanto en arquitecturas precursoras como en referencias de otras artes. Digamos que las reflexiones expuestas sobre la interpretación en arquitectura han tomado forma en el largo tiempo que exige nuestra disciplina y su vinculación con las artes ha allanado e iluminado el camino, ampliando nuestro mundo y permitiendo ver o imaginar nuevos horizontes más allá de dar solución a la realidad y a las necesidades materiales.

Concertar ese Babel, no necesariamente verbal ni constructivo, se ha presentado como una vía para abordar la arquitectura cuando atendemos a lo que ya existe. Por ello es un privilegio estar aquí, en esta institución en la que conviven las artes, construyendo algo siempre nuevo, cambiante y prometedor, que es valioso e inspirador, inestimable en la práctica de la arquitectura entendida como una interpretación.

---

15. Umberto Eco. *Los límites de la interpretación* (*I limiti dell'interpretazione*). Fabbri, Bompiani, Sonzogno, Etas S.p.A. Milán, 1990.

Es costumbre, casi preceptiva, que quienes toman posesión de su plaza en la Academia de Bellas Artes de San Fernando, al recibir la oportuna Medalla, comiencen su discurso de ingreso recordando a la persona y la obra de quien le precedió. No hubo lugar en este caso, como habrán podido comprobar, ya que la Medalla que corresponde a la académica Ángela García de Paredes de Falla es una Medalla de nueva creación. Por ello, la nueva académica, tras recordar a su padre, el arquitecto y académico José María García de Paredes, y a su madre, Isabel de Falla, amante de la música y también académica correspondiente de esta Academia de Bellas Artes, ha pasado a mencionar a aquellos académicos de San Fernando que conoció desde niña y que frecuentaban su casa, en la que el mundo se contemplaba teniendo como horizonte las artes, y de un modo muy especial, la música y la arquitectura. Con seguridad que a todos los académicos mencionados les hubiese gustado ver hoy a Ángela García de Paredes siguiendo lo que fueron sus pasos en la Academia. Todos ellos están presentes aquí con nosotros. Como también lo están sus padres, que tanto celebrarían ver que su hija haya mantenido viva la devoción que ellos tuvieron por la música y por la arquitectura. Me consta que la Academia y los académicos que la conocen, que son muchos, por no decir todos, dada la unanimidad con la que se produjo el voto el día de su elección, se congratulan de verla aquí y ahora y le dan la bienvenida a esta casa, a la que por tantos motivos ya se siente ligada.

Tras estas palabras, en las que ha quedado dicho el importante papel que en su vida tienen la música y la arquitectura, nadie puede sorprenderse al ver que Ángela García de Paredes haya querido dar razón de su obra como arquitecta haciendo uso de términos bien conocidos en el mundo de la música, como lo son «interpretación» e «intérpretes», tiempos y variaciones. De ahí que la nueva académica se haya sentido atraída por explorar en su discurso si conceptos como el de «interpretación» e «intérprete», que tan claro sentido tienen en la música, pueden aplicarse también en la arquitectura.

No es de extrañar que una primera respuesta a tal pregunta le haya llevado a plantearse el concepto de «interpretación» en arquitectura como «...la diferente lectura de los planos del arquitecto al ser ejecutados por distintas personas», convirtiendo así los planos de un edificio en la partitura de la que el constructor/arquitecto —auténtico «intérprete» de la obra— dispone para ponerla en pie. Ángela García de Paredes nos ha dicho textualmente: «Podríamos afirmar que la interpretación en arquitectura sería análoga, en este caso, a la interpretación musical; el intérprete transmite la obra del autor desde la abstracción de los planos a su materialidad». Pero pronto abandona tan literal traslación a la arquitectura del concepto de «interpretación» en música, consciente de que ni la materialidad de la obra de arquitectura —algo que implica la «inmovilidad radical» que la caracteriza— ni la complejidad del trabajo de los arquitectos y los tiempos desmesuradamente largos en que la arquitectura se produce, lo permiten.

Ello, sin embargo, no ha sido óbice para que el significado último del término «interpretar» se haya convertido en contenido del discurso que acabamos de escuchar. De un modo explícito lo dice la nueva académica, que escribe: «Interpretar arquitecturas que existen, no con palabras, sino con la acción propia de la arquitectura a través de planos y de su construcción material, es la reflexión que propongo en este discurso». Propuesta cuyo sentido Ángela García de Paredes nos aclara diciendo que «interpretar» no significa renunciar a la propia voz, ni pensar que se trata de una actividad menor y vicaria. «Interpretar» es reconocer, en primer lugar, el horizonte, el marco, y, en última instancia, el escenario en el que los arquitectos trabajan. Constatando, inmediatamente después, que buena parte de los trabajos que los arquitectos hacemos no se producen en un medio que nos permite hablar de «tabula rasa» y sí, por el contrario, hay que aceptar el valor que tienen lo existente, las circunstancias, el mundo de lo ya construido, lo que implica la forzosa «interpretación» del territorio en el que actuamos, territorio que en la jerga arquitectónica hemos venido a llamar «preexistencias ambientales». La «interpretación» del ámbito en el que se nos ofrece actuar, dando al término ámbito el más amplio significado, está en el origen mismo del proyecto. El mundo en torno a nuestra obra sería entonces la «partitura» sobre la que trabajamos, lo que permite que nos veamos como «intérpretes» de un mundo físico circundante en el que cabe identificar rasgos característicos a los que se puede calificar como de «cuasi determinantes».

Desde tales premisas, Ángela García de Paredes nos mostrará cómo actuó en un proyecto como el de la Villa Romana de La Olmeda, y quisiera subrayar cuánto es su «interpretación» la que orienta un proyecto que es tanto más una intervención —a la que me atrevería a denominar invención— que una restauración o un simple ejercicio de estricta conservación: su trabajo en una obra tan significativa en su carrera como la Villa Romana de La Olmeda, es el primero de los ejemplos de que se sirve la nueva académica para definir qué entiende como «interpretación» en arquitectura.

Las ruinas de La Olmeda, para Ángela García de Paredes, ni eran susceptibles de ser reconstruidas dado lo poco que sabemos acerca de ellas, ni tenían entidad definitiva y propia, tras la consolidación llevada a cabo por los arqueólogos para ofrecerlas a su contemplación. Pero serán la «partitura» —por continuar en proximidad a lo que «interpretar» supone en términos musicales— que utiliza para actuar en La Olmeda como arquitecto. Cree que es desde una «interpretación» previa cuando adquieren sentido y significado.

Y es aquí y ahora, en el momento y en el modo en que se hace uso de la interpretación, donde la contribución de nuestra nueva académica adquiere el valor de lo personal y lo propio. «Al interpretar es posible recomponer imaginariamente el espacio». En La Olmeda, «las salas excavadas no se reconstruyen, y se sitúan cada una como piezas independientes en un lienzo común». La visión de La Olmeda como el «imaginario todo» en el que han pensado sus arquitectos da pie a desplegar sobre las ruinas los itinerarios ligeros que ayudan a entender cómo era la vida cotidiana en una hermosa villa romana, y a levantar una espaciosa y dilatada cubierta, sin que ello suponga aludir materialmente a lo que la villa era, si bien sea quien la inspira.

"Interpretamos», dice Ángela García de Paredes aludiendo al trabajo conjunto con Ignacio García Pedrosa. Y he aquí el resultado: «La interpretación de este lugar arqueológico se ha convertido hoy en una construcción en el paisaje». Para ella, la «interpretación» del medio sobre el que se actúa supone el único modo de operar en el presente. Y de ahí que se sientan identificados con lo que Sverre Fehn parece querer decir cuando escribe «queriendo perseguir el pasado no se alcanzará jamás, solo la manifestación del presente puede hacer revivir el pasado».

Algo no muy diverso ocurre con el proyecto de la Biblioteca de Ceuta. Al describir cómo era el solar, escribe: «Esta excavación arqueológica cubierta por una protectora montaña de tierra, ya tapizada de vegetación por el paso del tiempo, acompañó las obras de la Biblioteca», y tras remover aquella protectora montaña volvió a aparecer la ruina que es incorporada al edificio como una parte integrante de él. Pero en este caso «la Biblioteca no fue construida para proteger una excavación», se valió de ella «para proyectar un espacio interior». Una «interpretación» de lo existente, de la ruina, como la que nos ofrece la Biblioteca de Ceuta, es completamente diversa a la que acabamos de ver en La Olmeda, y hace que entendamos cuánto hay en la «interpretación» un valioso componente creativo que garantiza una respuesta arquitectónica singular y única en cada caso. La «interpretación», por tanto, como el momento en el que se produce la más valiosa contribución creativa al proceso de diseño de una obra de arquitectura. Se entiende que Ángela García de Paredes vea el proyecto de Ceuta como no ajeno a la Fundación Ford de Nueva York, obra de Kevin Roche y John Dinkeloo, en la que, aparentemente, la arquitectura se yuxtapone a una realidad diferente —un paisaje «artificial» diseñado por Daniel Kiley— que aquí juega el papel de las ruinas en Ceuta, y que también sienta su trabajo en este proyecto como cercano a la instalación de Doris Salcedo en la Tate Gallery.

Un último proyecto en su carrera en el que las ruinas están presentes es el proyecto para la Nueva Embajada de España en la Piazza Navona. En esta ocasión, las ruinas no están a la vista, si bien se reconocen al pretender Ángela García de Paredes que su intervención en la casa próxima a la Iglesia de Santiago de los Españoles, al unificar sus huecos, «la haga partícipe del imponente espacio urbano de la Plaza» que, como es bien sabido debe su traza al enterrado Estadio de Domiciano.

Pero estas «preexistencias», que hacen poco menos que obligada la «interpretación», pueden ir más allá de lo inmediato, de lo que llamamos «contexto». Para la recién nombrada académica cabe también ampliar el ámbito de lo existente, entendiéndolo como resultado de un pasado que todavía gravita sobre nosotros. Y así ocurre en la Biblioteca de Córdoba, donde los antiguos huertos domésticos cordobeses se transformaron en jardín botánico, en los Jardines de Agricultura del siglo XIX, cuya geometría será determinante para el trazado de la Biblioteca. Claramente, aboga por una arquitectura inclusiva en la que la naturaleza y el artificio, el presente y el pasado conviven, y de ahí que quiera que veamos su obra en un horizonte próximo a aquel en el que sitúa obras tales como Dipoli, de Reima y Raili Pietilä, en la que la roca y la madera se encuentran, o la Capilla de los Siren, en la que su contenida racionalidad contrasta con el paisaje en que se inscribe. Para Ángela García de Paredes siempre hay un medio que es preciso leer, una preexistencia con la que contar, hay por tanto que «interpretar» antes de comenzar nuestro trabajo como arquitectos. Es muy difícil pensar que una obra de arquitectura se produce con absoluta ausencia de diálogo con lo existente. Cree que así ocurría también en la arquitectura del pasado, y cita como prueba el modo en que actuó Miguel Ángel al construir «la cornisa del Palacio Farnese en Roma sobre el edificio construido por Sangallo el Joven».

Y si bien el término «variaciones» —que los músicos utilizan con tanta frecuencia— pudiera parecer no ajeno en su significado a los de «tipo» y «tipología» que los arquitectos utilizamos, la nueva académica nos ofrece una versión muy distinta, sofisticada y atractiva, cuando califica de «variaciones en el tiempo» a las seis intervenciones llevadas a cabo a lo largo de cuatro décadas en el edificio del Banco de España, obra del arquitecto Eduardo de Adaro. «Trabajar en lo ya existente implica interpretar con una nueva voz, con nuevas palabras, las que alguien dejó escritas». La «interpretación» y el «intérprete», conceptos que como vemos están siempre presentes en la mente de Ángela García de Paredes, aparecen aquí de nuevo otra vez. La labor del arquitecto es entonces explotar el potencial de algo que «alguien dejó escrito», pero las circunstancias de construcción, uso y programa en el tiempo habían hecho que se leyese, se viese, se usase, de otro modo. Las «variaciones» no son tanto el desarrollo de motivos formales cuyo potencial se sospechaba, cuanto desvelar, descubrir en lo existente, nuevas posibles arquitecturas. La obra previamente existente es quien soporta las «variaciones», siendo en este caso los arquitectos quienes las desvelan y descubren. Las «variaciones» como señal de que la obra de arquitectura está todavía viva, siendo otros arquitectos quienes dan fe de que así es. Por ello escribe «durante casi cuatro décadas hemos sido una voz más en este edificio», lo que da pie a que nos diga que ve la arquitectura como «un proceso continuo donde intervienen diversos autores». Las voces de los sucesivos autores quedan así confundidas en «una obra coral en el lugar y en el tiempo».

Terminaré ahora, después de haber sobrevolado levemente sobre el texto de Ángela García de Paredes. Se entiende que haya encontrado en George Steiner un aliado para defender su actitud. Y que celebre el coincidir con el crítico inglés en el valor que este da a la noción de «interpretación» como valioso instrumento para que se nos haga presente el significado de la obra de arte. Un concepto de «interpretación» que había hecho suyo e intuido su valor en lo que fue su sólida educación musical. No es ninguna sorpresa, por tanto, que haya tratado de que estuviese presente en su formación como arquitecto, en primer lugar, y en su ejercicio profesional, más tarde, como bien nos ha mostrado en el discurso que acabamos de escuchar.

Ángela García de Paredes ha querido exponer y presentar lo que son sus ideas acerca de la arquitectura tomando como referencia su propio trabajo, haciendo así coincidir pensamiento y obra. Es un gesto de gentileza hacia todos nosotros que aprecio muy de veras y que muestra cuál es el talante de esta nueva académica cuya presencia sin duda será muy valiosa en esta casa, que conoció como niña de mano de sus padres y en la que hoy le damos la más calurosa bienvenida.

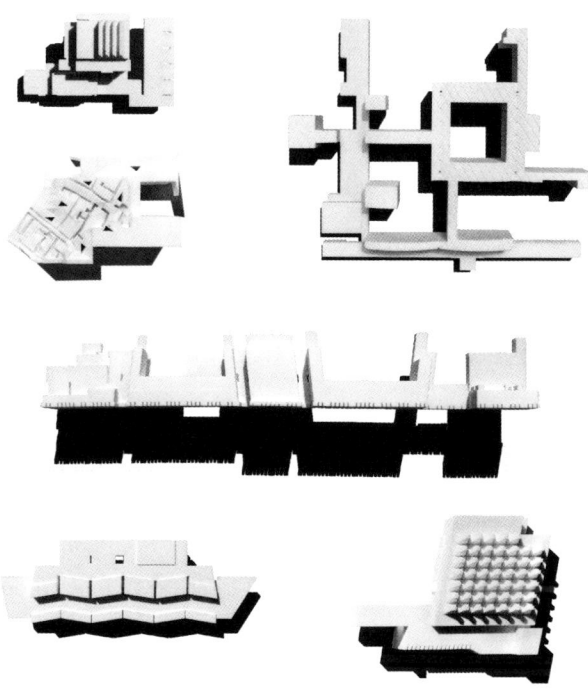

Obra donada a la Real Academia de Bellas Artes de San Fernando.
Maquetas a escala 1:200 de seis espacios sólidos imaginarios realizados para la exposición
El sueño del espacio produce formas en la 16 Bienal Internacional de Arquitectura de Venecia.

Espacios analizados
MUSEO ARQUEOLÓGICO DE ALMERÍA
VILLA ROMANA LA OLMEDA
BIBLIOTECA PÚBLICA DE CEUTA
AUDITORIO DE LUGO
BIBLIOTECA PÚBLICA DE CÓRDOBA
MUSEO VISIGODO DE MÉRIDA

Paredes Pedrosa Arquitectos, 2018

En el transcurso de la ceremonia de ingreso el organista
Miguel Bernal interpretó las siguientes obras:

El Circulo Mágico*
de *El amor brujo*
Manuel de Falla (1876-1946)

Petit canon
Nadia Boulanger (1887-1979)

Pantomima*
de *El amor brujo*
Manuel de Falla (1876-1946)

*Transcripción para órgano de Maurice Besly

Este discurso fue leído el día 12 de mayo de 2024
en la víspera del noventa y cinco aniversario
de la elección de Manuel de Falla
como académico de numero
en la Sección de Música en esta
Real Academia de Bellas Artes de San Fernando

Este discurso está editado en *Ibarra Real*, familia
tipográfica diseñada y grabada por el grabador
Jerónimo Antonio Gil (1732-1798) con el auxilio
del calígrafo Francisco Javier de Santiago Palomares.
Fue seleccionada por Joaquín Ibarra para su edición
de *El Quijote* de 1780, encargada por la Real
Academia Española. Posteriormente fue recuperada
por José María Ribagorda Paniagua en 2007.
Es una tipografía *opensource* sin ánimo de lucro.

Se acabó de imprimir en los talleres
de Brizzolis arte en gráficas
en el mes de mayo de 2024

ISBN: 978-84-96406-89-6

DEPÓSITO LEGAL: M-10704-2024